图书在版编目（CIP）数据

唯一的王为一 ： 电影艺术家王为一百年图片选集 /廖曙辉编著. — 广州 ： 南方日报出版社，2014.1
ISBN 978-7-5491-1027-8

Ⅰ. ①唯… Ⅱ. ①廖… Ⅲ. ①王为一（1912～2013）－生平事迹－图集 Ⅳ. ①K825.78-64

中国版本图书馆CIP数据核字(2013)第301799号

唯一的王为一 —— 电影艺术家王为一百年图片选集　　廖曙辉 编

出 版 人：周洪威
主　　编：廖曙辉
策　　划：相贤古
责任编辑：佃燕婉
技术编辑：王　兰
装帧设计：佃燕婉
图片制作：凡夫文化
责任校对：阮昌汉

出版发行：南方日报出版社
电　　话：（020）83000502
地　　址：广州市广州大道中289号
经　　销：全国新华书店

印　　刷：广州市岭美彩印有限公司
规　　格：787mm×1092mm　1/12
印　　张：5
版　　次：2014年1月第1版
印　　次：2014年1月第1次印刷
定　　价：100.00元

投稿热线：（020）83000503　读者热线：（020）83000502
网址：http://www.nfdailypress.com
发现印装质量问题，影响阅读，请与承印厂联系调换

唯一的王为一

电影艺术家王为一百年图片选集

廖曙辉 编

南方日报出版社
NANFANG DAILY PRESS

一个人活愈百岁已不易

一个人百岁活得灿烂更不易

这是王为一从零岁到愈百岁的影像故事

王为一

1912 年 3 月 8 日 ~2013 年 10 月 8 日

苏州木渎人

中国优秀电影艺术家

广东省首届文艺终身成就奖

中国电影金鸡奖终身成就奖

1910s

1920s

1930s

1940s

1950s

1960s

1970s

1980s

1990s

2000s

2010s

For-
ever

永 远

唯一的王为一

1912~2013

【序】

王为一同志是我国著名电影导演，在电影世界享有崇高的声望。

他于上世纪 30 年代参加“左翼”联盟，通过戏剧和电影艺术积极从事抗日救亡活动。抗战胜利后，他参与创作经典影片《八千里路云和月》《关不住的春光》，为战后进步电影创作赢得了良好的声誉；由他执导的影片《珠江泪》以其严肃的创作态度、鲜明的思想性和可贵的艺术成就，为现实主义粤语片开辟了新的道路。新中国成立后，王为一同志相继在北影、上影、珠影任导演，拍摄了《山间铃响马帮来》《椰林曲》《铁窗烈火》《南海潮》《七十二家房客》《三家巷》《阿混新传》等优秀影片，作品以强烈的艺术感染力和浓郁的生活气息深受观众喜爱。

他还参与了珠江电影制片厂的筹建领导工作，为珠影的成长和发展作出了重要贡献。

他于 2005 年被国家广播电影电视总局授予“优秀电影艺术家”荣誉称号，2010 年荣获广东省首届文艺终身成就奖，2012 年荣获中国电影金鸡奖终身成就奖。

他的人生

是百年中国电影发展历程的写照

也是百年中国家庭的一个缩影

他的故事

精彩而连贯

无法断章

他的精神

穿越百年鲜活地留映在

这些岁月的影像上

• 1912 年 3 月 8 日（农历正月十四）王为一出生于上海，图为王为一未足半岁时在上海美华照相馆的留影。

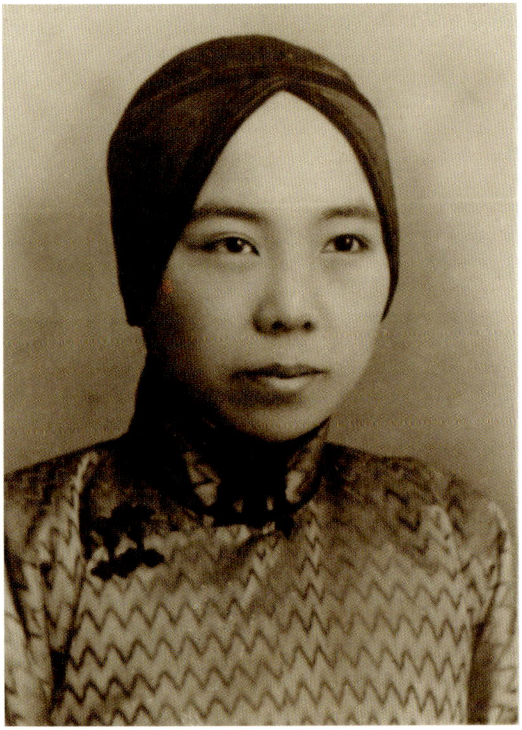

• 王为一的父亲王宗铭及母亲周湘云。

• 青年时期的王为一及其兄弟姐妹。（左起：大哥王瑞麟、大嫂、王为一、姐姐王旻秋、大弟王玮、妹夫、妹妹王瑾。其他两位是朋友。小弟王守一未在图中。）

• 这是中学时期的王为一。1913年，当中国第一部电影故事片《患难夫妻》面世时，王为一刚出生一年；1923 年，刚满 10 岁的他在家人的带领下到电影院观看了郑正秋导演的《孤儿救祖记》。晚年的他回忆道：**“影片给我最深刻的印象是冒险从坏人手里救出他祖父的那个孤儿，是个小学生，跟我年纪差不多，认为他很了不起，记住了他的名字叫郑小秋。”** **“那时候我最喜欢看的是卓别林的滑稽短片”。**

• 1932 年 8 月 ~1935 年，王为一在上海美术专科学校研究所学画。其间，他参加左翼戏剧家联盟领导的“美专剧团”，参与了《C夫人肖像》的演出工作，并参加左翼戏剧家联盟，后来因为散发革命传单被美专学校开除出校。

• 1933 年 10 月 ~1934 年 3 月，王为一考入百代唱片公司民乐队，参加“剧联”音乐小组。他在聂耳主持灌制的乐曲《金蛇狂舞》《翠堤春晓》中拉二胡、打扬琴。后来电影《渔光曲》主题曲中的二胡也是由他负责演奏。1934 年 3 月 ~1934 年 10 月，他又加入上海华艺影片公司当场记。

• 1934 年 3 月，王为一经组织安排，避国民党通缉到了香港。他拿着“剧联”领导司徒慧敏写的介绍信到香港仔全球影片公司工作，1935 年秋返回上海。图为 1935 年王为一（右一）与同事在香港时所拍。

• 1935年秋~1937年初，王为一参加上海业余剧人协会第三次公演，经史东山介绍，在新华影片公司当演员，之后又当副导演。《狂欢之夜》就是这期间的一部电影，他饰演了里面假钦差的帮手。**“我的导演之路，就在史东山先生的门下起步了。”**——王为一

• 图为 1937 年在上海公演话剧《罗密欧与朱丽叶》时试装后的剧组合影。（中排左一为王为一、右一为导演章泯、中间化妆者为赵丹——饰罗密欧、俞佩珊——饰朱丽叶）。

1937 年初 ~8 月，王为一按照组织安排从史东山的剧组中抽出来到上海业余实验剧团当演员和导演；1937 年 8 月 ~1938 年 8 月，他参加上海救亡演剧队第三队（该队于 12 月国共合作抗日时，改组为抗敌剧团），经历了“徐州突围”。此间，他与俞佩珊相识、相恋。

• 1937年，在上海举办的话剧《罗密欧与朱丽叶》公演前试装留影。赵丹（右）饰罗密欧，王为一（左）饰好友墨邱歇。

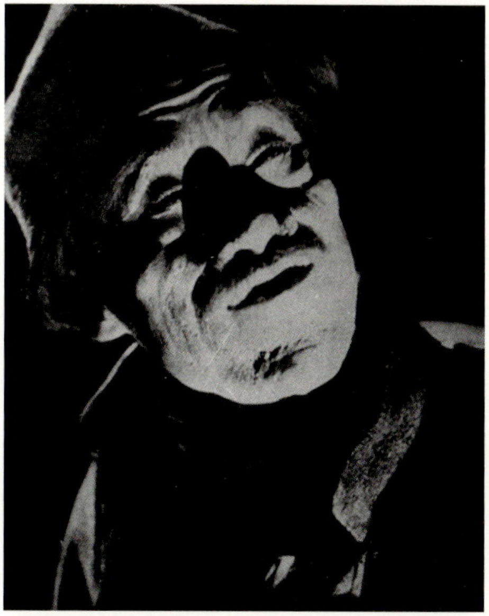

• 1937 年，王为一饰演电影《夜半歌声》看门人时的造型。

•1937 年，王为一饰演舞台剧《欲魔》时的长工造型。

• 俞佩珊——王为一的第一任妻子。1938年，“徐州突围”后，**“两人转入重庆进中国电影制片厂，在观音岩张家花园65号租到一间房，办了一席喜酒，请朋友们来作证，我和俞佩珊就正式结为夫妇了。”**——王为一

• 1939 年，王为一（右）和史东山（左）在重庆留影。

1938 年 9 月 ~1939 年 8 月，王为一转任中国电影制片厂编导兼编委会秘书。其间，他编导了大型活报剧《为自由和平而战》、独幕剧《宣传》；1939 年 8 月 ~1941 年 2 月，他又到新疆成立实验剧团，任演出部主任。

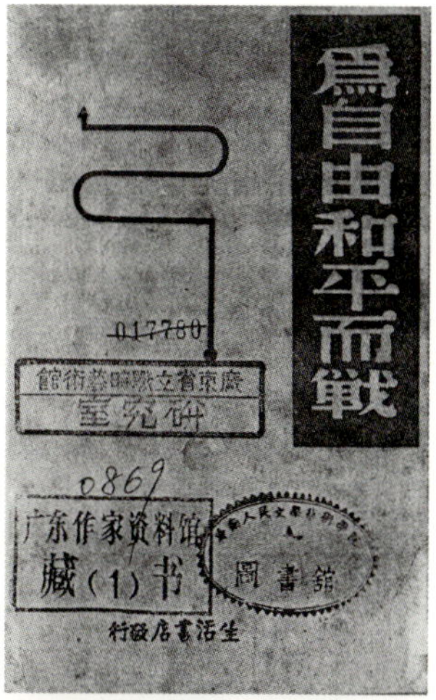

• 王为一所著的《为自由和平而战》《宣传》（生活书店 1939 年发行）。

• 1941 年 2 月 ~1945 年 2 月，王为一、赵丹、徐韬、朱今明被新疆反动派逮捕，入狱 4 年。图为晚年的王为一饱经沧桑的双手捧着当年在狱中吃饭用的小木勺。

• 1945 年 5 月 ~1946 年 8 月，王为一从新疆出狱后回到重庆，返回中国电影制片厂任编导，成立了党组织的中国艺术剧社，演出茅盾编写的话剧《清明前后》。图为 1945 年，在重庆时的留影。

• 乐陶——王为一的第二任妻子。

王为一、赵丹、徐韬、朱今明在新疆入狱两年后，他们的妻子被通知丈夫已被反动派处死，在绝望之余先后改嫁。**“再过两年，新疆政局又变，我们被释放回重庆，得知妻子们都已另嫁，我们不忍拆散他们新建的家庭，只当我们没有回来，而无奈地和妻子诀别。”**——王为一

1946 年初，王为一与妹妹的好朋友乐陶结婚。“又在这张家花园 65 号，我妹妹点上一对红烛，也办了一席喜宴，邀些熟人一起喝了杯喜酒。”——王为一

• 1946 年 8 月 ~1949 年 2 月，抗战胜利后，王为一回到上海参加昆仑影业公司任导演；1947 年任《八千里路云和月》的副导演（导演史东山）；1948 年，他和徐韬联合导欧阳予倩编剧的《关不住的春光》。图为 1947 年，在上海时的留影。

• 1949 年 2 月 ~1951 年 8 月，王为一奉调去香港，任南国影业公司导演，导《珠江泪》（获文化部 1949 年 ~1955 年优秀影片荣誉奖），又为“五十年代”影片公司导《火凤凰》。图为 1949 年，在香港时的留影。

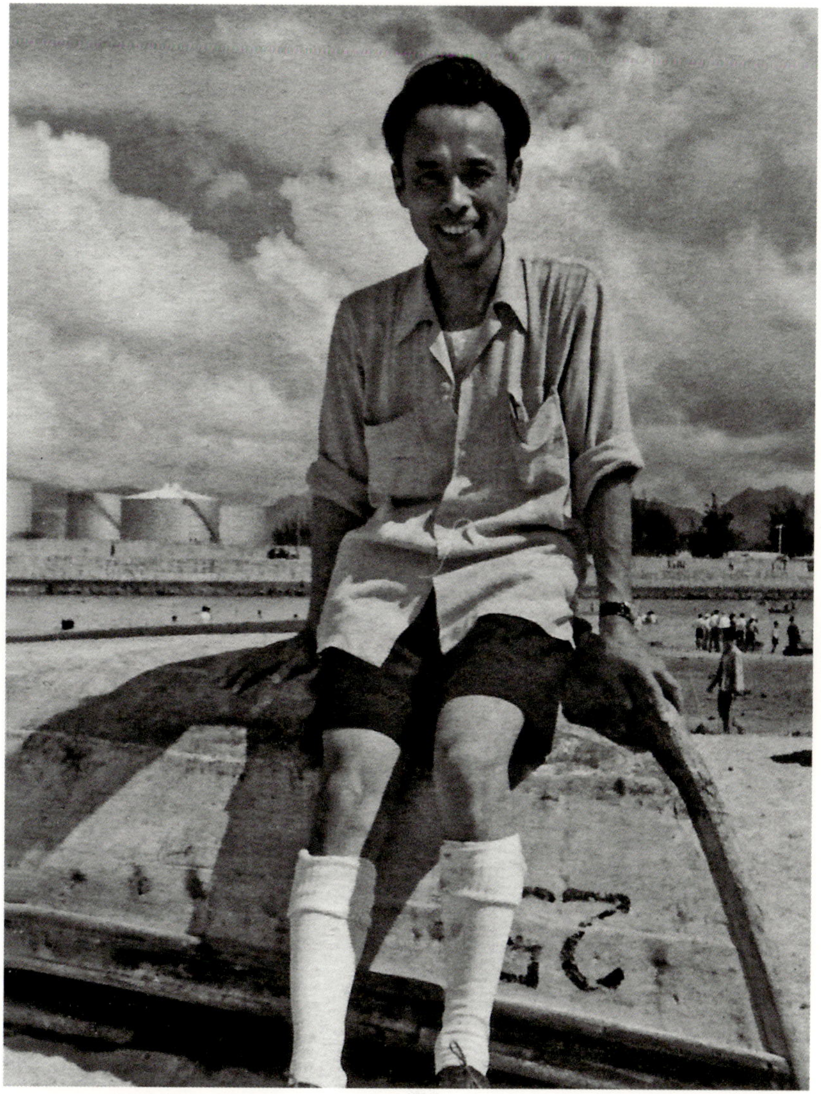

• 王为一拍摄《珠江泪》时在香港外景地的留影。

• 1949 年，王为一（右三）与洪道、陈歌辛、周而复等人在香港留影。

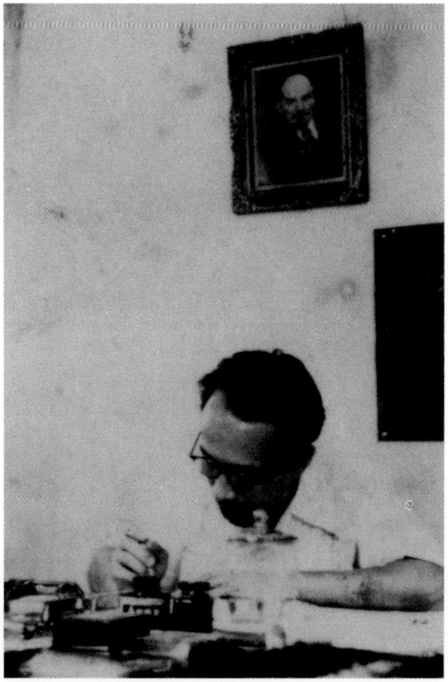

• 1951 年 8 月 ~1952 年 8 月，王为一奉调到广州筹建珠江电影制片厂，担任厂长兼华南文艺学院（现广东文艺职业学院）戏剧部主任。

“这个制片厂由文联负责领导工作，并由省文联、省财委和省军区文化部各投资三亿元（旧币）。”——王为一

“今天党的工作要求我负起更大的责任，我再不能以党外人士自居，我要求香港党组织把我作为一个党员身份介绍到广东去。”——王为一

• 1952 年 8 月 ~1953 年 8 月，珠影厂奉命停办，王为一调任北京电影制片厂任导演。

• 1952 年，王为一（左三）在北京拍摄《齐白石》时与齐白石（坐者）等人合影。

• 1953 年，王为一（前排右一）在云南拍摄《山间铃响马帮来》时与编剧、演员们合影。

• 1957 年，王为一（中）在上海与副导演陈刚（左）一起向《铁窗烈火》饰张少华的演员张辉（右）说戏。

• 1953 年 8 月 ~1958 年 8 月，王为一先借调上海电影制片厂，导演了《青春的园地》《山间铃响马帮来》，后来，他正式调到上影“天马厂”，导演了《椰林曲》《铁窗烈火》（获 1958 年优秀影片奖）。1956 年，他加入中国共产党。图为 1958 年，王为一、乐陶和他们的子女们（王笛、王岗、王蕊、王琼）在上海时的合影。

• 1958年8月起，珠江电影制片厂重建，王为一被调到珠影当导演，后兼任珠江电影制片厂艺术委员会主任。其间导片（含合作）有《英雄诗篇》、《南海潮》、《七十二家房客》、《打铜锣》、《补锅》、《歌舞》、《蓝天防线》、《一个美国飞行员》、《三家巷》（上下集）、《阿混新传》（获金鸡奖特别奖）、《异想天开》、《男人的世界》、《不亦乐乎》（获中国人口文化影片一等奖——金爵奖）、《关山月的画与话》（纪录片）、《五福临门》及电视剧《万元户》《牡丹亭》等。图为1958年，王为一在珠江电影制片厂留影。

• 1961 年，一家人在广州合影。

• 1961 年，赵丹（右一）、徐韬（右二）、王为一（左二）和周恩来总理（左一）在北京的合影。

“1961 年在北京召开电影界座谈会时，周总理在西山招待外地来开会的朋友欢聚。当他看到赵丹、徐韬和我三人向他走近时，他高兴地说：‘这三个人是当年虎口余生的人，来，一起照张相留个纪念！’我们三人就挨近了周总理，他的照相师马上摄下这张颇有纪念价值的照片。”——王为一

• 1961 年，王为一（右）与蔡楚生（左）在海南岛苏公祠前合影。

“蔡楚生的艺术风格就是大众化和民族化，或者说，平易通俗和喜闻乐见；充分运用对比手法；爱憎分明、悲喜交融。我在他那里学到的最主要的一点，就是他的观众观点。在艺术处理上，蔡楚生的大众化和民族化风格，是继承于他的老师郑正秋。”——王为一

• 1961 年，蔡楚生（中）、陈残云（左）、王为一（右）合作编剧电影《南海潮》时，在广州起义烈士陵园合影。

• 1962 年，王为一在拍摄《南海潮》时与小演员沟通。

• 1962 年，王为一（前排左二）与东南亚外宾及《南海潮》剧组合影。

• 1962 年 4 月 25 日，王为一（第二排左五）、蔡楚生（第二排右五）在《南海潮》停机时与摄制组合影。

• 1963 年 4 月 4 日，王为一（第二排左四）与《七十二家房客》摄制组的开拍纪念照。

• 1963 年，王为一（前排左二）与外宾及《七十二家房客》摄制组合影。

•1965年8月，王为一（第二排左三）与《补锅》剧组合影 。

• 1971 年，王为一、乐陶夫妇从干校回到广州家中后的合影。

• 1971 年，王为一从干校回家后的家庭合影。

• 王为一（右）与《三家巷》改编者曾炜（左）访《三家巷》作者欧阳山（中）。

“我认为改编一部小说为电影，第一个态度必须忠于原著，就是忠于原著的主题、人物和基本情节结构。……改编并不是编写一个缩本。它必须根据戏剧原则和电影特性进行再创造，……通过视觉形象，使原小说、舞台剧的主题和人物更为鲜明突出。但这些首先要有一个忠于原著的前提。”——王为一

• 1982 年，王为一（前排中间）与《三家巷》剧组在广州合影。

• 1983 年，王为一（前右）在《万元户》拍摄现场。

• 1984 年，王为一（右）在《阿混新传》拍摄现场。

• 1985年，王为一（右二）在《阿混新传》获中国电影金鸡奖特别奖后，与主演严顺开（左二）等合影。

• 王为一在广州家中送花给生日的妻子乐陶。

• 乐陶在广州家中送上亲手做的寿糕给王为一祝寿。

• 1986 年，王为一（中）在《异想天开》拍摄现场与演员合影。

• 1989 年春节，王为一（右）在拍摄《关山月的画与话》时与关山月（左）在广州萝岗外景地合影。

• 1989 年，王为一在广东省汕头市潮阳区蔡楚生的塑像前留影 。

“蔡楚生的创作风格，则以严肃的革命现实主义精神面向千万观众，孜孜以求地把更多的观众吸引到他的银幕前来，在艺术享受中接受有益的意义，这种创作态度无论如何都是值得我们崇敬和学习的。我至今仍折服地敬奉他为我的良师。”——王为一

• 大弟王玮（左，电影美工师）、小弟王守一（右，戏剧导演）和王为一、乐陶夫妇一起。

• 1991 年，于广州，三代同堂。

• 1992 年，王为一（拉二胡者）在电视剧《瞎子阿炳》中担任艺术顾问，并客串饰演卖艺瞎子老乞丐。

• 1993年，王为一（右）在《不亦可乎》拍摄现场。

• 1994 年 5 月，中共广东省委宣传部、珠江电影制片公司、广东省电影家协会举办“著名导演王为一从影六十周年座谈会”。王为一（右四），省委宣传部副部长刘斯奋（中），珠江电影制片公司党委书记、总经理黄勇（左四）。

• 1995 年 2 月，王为一在广东省潮州市西湖公园内陈波儿的塑像前留影。

“波儿的笑为我们所熟悉，平时和她交往，无论公事或是私事，她脸上时时露出笑容，至少，她是含着笑意的。……现在，这笑容已刻在汉白玉上而永留人间。”——王为一

• 1996年1月27日，于广州，王为一、乐陶夫妇金婚纪念家庭合影。

• 1945 年的新疆冤狱后，王为一与第一任妻子俞佩珊被迫分离。50 多年后，他们终于在一个偶然的机会，经过曲折的关系重新取得联系，并于 1996 年 11 月，在广州重逢。

• 郑旭（左）——王为一的第三任妻子。郑旭是王为一和乐陶的好朋友，她的丈夫张棣昌是中国著名作曲家（1990 年去世）。1996 年，王为一的第二任妻子乐陶（右）去世。**“一年后，我和郑旭时有交往而互有情意，我们的子女都极力支持，促成了两家合一家。”**——王为一

RIGHTEXP

• 1997 年 9 月 1 日，王为一和郑旭结婚后两家一起合影。旭日东升又一春，幸福美满合一家。

• 1999 年，王为一（右）在广州《五福临门》拍摄现场。

• 2001 年 9 月，王为一与郑旭在海南岛当年拍摄《椰林曲》《南海潮》的外景地留影。

• 2002 年 2 月，王为一在家中拉二胡《二泉映月》。

• 2002 年 3 月 22 日，珠江电影制片公司、广州市电影公司、广东南方电视台影视频道、广东省电影家协会联合在广州市江南大戏院举办了“王为一优秀电影作品展映暨庆祝 90 华诞”活动，中国电影家协会和全国 20 多个省（市、区）的电影家协会均发来贺电。图为王为一在活动中致辞。

• 2004 年 2 月于广州家中。

“喜剧电影是一种通俗样式，但同样可以反映深刻的思想内容和运用上乘的艺术手段。”——王为一

• 2005 年，王为一于广州家中写作《难忘的岁月——王为一自传》，他手写，夫人郑旭录入、打印。

“在斗室里，一张书桌，一张电脑桌紧挨着，在同做一件事各自忙着而又声息相应，想不到两个年纪八九十岁的老伴能有如此愉快合作的时光，这次 25 万字书稿的完成，使我们的幸福晚年过得更有意义了。”——王为一

• 王为一著《难忘的岁月——王为一自传》（中国电影出版社 2006 年 8 月出版发行）。

“2005 年是中国电影诞生 100 周年。在漫漫的历史长河中，中国电影走过了艰苦卓绝而又辉煌灿烂的路程，涌现出一大批杰出的电影艺术家。……毫无疑问，追寻他们的艺术足迹，描绘他们的多彩人生，展现他们的宽阔胸怀，对于全面推进中国电影的研究工作，增强民族的凝聚力，加强爱国主义教育，都具有重要的意义。”——“中国电影家传记丛书”编委会

• 2005 年 9 月，在北京纪念赵丹诞辰 90 周年暨铜像揭幕仪式上。

“阿丹的死去，不是一颗明星的陨落，而是将永恒地闪烁在茫茫苍穹，每当晴朗的夜晚，我们一抬头就能看见他。”——王为一

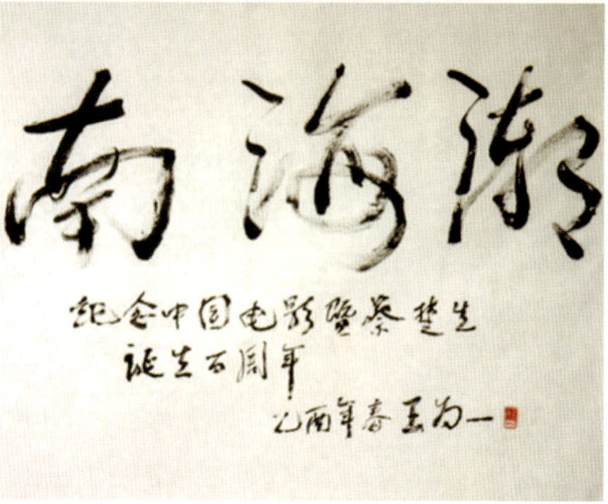

• 2005 年，在广州家中书写“南海潮”纪念蔡楚生。

• 在纪念中国电影诞生100周年之际，国家广播电影电视总局发出《广电总局关于表彰优秀电影艺术家的决定》，对50名“优秀电影艺术家”予以表彰。图为2005年12月，王为一在北京接受“优秀电影艺术家”表彰时的留影。

• 2007 年 6 月，广东省广播电影电视局、广东省文联、广东省电影家协会、广东省档案馆、珠江电影制片有限公司联合主办了“广东省中国优秀电影艺术家七人展”。王为一（左二）与家人在现场留影。

• 2010 年 6 月，王为一（左三）在上海参加纪念电影艺术家徐韬百年诞辰纪念暨艺术研讨活动现场。

• 2010 年 12 月，在广东省首届文艺终身成就奖颁奖典礼上，王为一发表获奖感言：**“我心里头老是想拍电影。拍电影成了一种习惯，一种爱好，怎么样也离不开。”**

• 2011 年 2 月 16 日，中共广东省委宣传部、广东省广电局、广东省文联、珠江电影集团共同举办了“庆祝电影艺术家王为一从影 80 周年”活动。国家广电总局电影局、中国电影家协会专门发来贺信。图为省委宣传部副部长顾作义（左）到场祝贺并赠送纪念品。

• 2011 年 2 月 16 日，电影艺术家张良（左一）、王静珠（左二）夫妇祝贺王为一百岁寿辰。

纪念华南人民文
暨王为一老师
20

• 2011 年 5 月 25 日，王为一（前排左三）在参加“纪念华南人民文学艺术学院建校 61 周年暨王为一老师百岁华诞祝寿大会”时合影。

• 2011 年，王为一百岁寿辰全家福。

• 百岁王为一在家中。

• 2012 年 9 月 29 日，第 21 届中国金鸡百花电影节颁奖典礼暨闭幕式，中国文联党组书记、副主席赵实（右六），中国文联荣誉委员、中国电影家协会名誉主席谢铁骊（左二），中国文联副主席、中国电影家协会副主席奚美娟（右三），中国文联副主席、中国电影家协会副主席李雪健（右四）一起向王为一和严寄洲（女儿代表，右五）颁发中国电影金鸡奖终身成就奖。

王为一发表获奖感言：**“电影就是为大众服务的行业，大众喜欢你，你就继续；不喜欢你，你就赶紧下来。”**

• 2012 年著《我的电影艺术观》，亲笔题写书名（岭南美术出版社 2013 年 3 月出版发行）。

“电影是所有艺术中最具有大众性的艺术形式，我的创作最高要求是我的影片一定要雅俗共赏。”——王为一

• 2013年4月11日，中共广东省委宣传部、广东省文学艺术界联合会 、珠江电影集团联合主办了“王为一电影艺术理论座谈会暨《我的电影艺术观》首发式”。王为一（中）说：**“我的年纪虽大了，但我仍会尽我的力量帮帮小兄弟们的忙。”**（左一：中国电影家协会分党组副书记、秘书长许柏林；右一：广东省文联党组书记、专职副主席白洁；右二：珠江电影制片有限公司一级导演林书锦。）

•2013年10月8日17时，王为一同志安详地走了。

王为一同志在80多年的电影艺术生涯中，成就杰出，艺德高尚，堪称电影工作者的楷模。

我们永远缅怀他。

主要作品创作年表：

《八千里路云和月》：1945 年
《关不住的春光》：1946 年
《珠江泪》：1949 年
《火凤凰》：1950 年
《山间铃响马帮来》：1954 年
《青春的园地》：1954 年
《椰林曲》：1957 年
《铁窗烈火》：1958 年
《南海潮》：1962 年
《七十二家房客》：1963 年
《打铜锣》《补锅》：1965 年
《蓝天防线》：1978 年
《一个美国飞行员》：1980 年
《三家巷》：1982 年
《阿混新传》：1984 年
《异想天开》：1985 年
《男人的世界》：1987 年
《牡丹亭》：1989 年
《关山月的画与话》：1990 年
《不亦乐乎》：1994 年
《五福临门》：1999 年

罗密欧与茱丽叶
话剧
夜半歌声
饰看门人
珠江泪
南国影业公司
希望在人间
凰凤火
五十年代
影片公司
山间铃响马帮来
上海电影制片厂
青春的园地
上海电影制片厂
椰林曲
上海电影制片厂
铁窗烈火
天马电影制片厂
南海潮
珠江电影制片厂
七十二家房客
珠江电影制片厂
香港鸿图影业公司
打铜锣
补锅
蓝天防线
珠江电影制片厂
一个美国飞行员
珠江电影制片厂
三家巷
阿混新传
珠江电影制片厂
珠江电影制片厂
异想天开
珠江电影制片厂
男人的世界
珠江电影制片厂
珠江电影制片厂
GOOD FORTU

【跋】

我们最亲爱的爸爸走了。

他精彩又幸福的百岁生涯画上了完美的句号。

感谢各级领导、电影同仁、亲朋好友和郑旭阿姨一直以来对我们父亲的关爱和支持，让他得以饮珠江水，抒岭南情，用毕生的精力去追寻电影梦，并得到了广大观众的认可。我们最亲爱的爸爸走了，但他的音容笑貌，依然长留我们的心里。

这本图集的出版，为我们和社会大众提供了一份宝贵的长久的怀念。我们由衷地向珠影和出版社的领导、编辑以及为本书的出版给予了支持和帮助的同志们，致以深深的谢意！

王笛　王岗　王蕊　王琼

感谢王为一的家属保存和提供这些珍贵的普通照片。

摄影者：沈西林、袁动群、董丹弟、于辉、吴亚、陈海威、廖曙辉等。

本书因所涉及照片摄影者众多，部分年代久远，难以一一辨认，未能一一署名，在此深表歉意。由衷感谢所有摄影者为王为一同志所留下的珍贵历史影像。

他从上海来

回到海上去

……